AF388800

EDICT DV ROY,

PORTANT CREATION

en heredité d'vn Prud'homme esleu pour la visite des Cuirs. Et des Offices de Vendeurs desdits Cuirs en chacune Ville, Bourgs & Bourgades, Ports & Haures de nostre Prouince de Normandie,.

Verifié en la Cour des Aydes de Roüen le 19. Iuillet mil six cens trente-trois.

A PARIS,

M. DC. XXXIII.

LOVIS PAR LA GRACE
DE DIEV ROY DE FRANCE
ET DE NAVARRE ; A Tous
presens & aduenir, Salut. Le
feu Henry le Grand noftre
tres-honoré Seigneur & Pere, que Dieu ab-
folue, Ayant efté duement informé, que par
les monopoles des Marcháds TANNEVRS
CORROYEVRS, & autres faifans trafic &
commerce de Cuirs, l'Edict du mois de Iuin
mil cinq cens octante cinq, portant creation
des Offices de Marqueurs & Vifiteurs des
Cuirs en chacune Ville, Bourg & Bourgade
de ce Royaume, où il s'en fait appareil auoit
efté reuoqué, & recognoiffant la neceffité du
reftabliffement d'iceux, pour remedier aux
abus & maluerfations qui eftoient commifes
par lefdits Marchands, dont il eft arriué de
grands inconueniens; auroit par fon Edict du
mois de Ianuier mil cinq cens nonante fix,
reftably lefdits Offices à tiltre d'heredité, &
ordonné plufieurs reglemens pour la fonction & exercice d'iceux. Neantmoins quelque foing qui ait efté rendu pour retrancher
les abus qui fe commettoient en l'appareil

A ij

defdits Cuirs auant ledit eſtabliſſement, il a
eſté impoſſible d'y pouruoir, ſi particuliere-
ment, & les inuentions de ceux qui en abu-
ſent ſont venues à tel poinct, que nous n'e-
ſtimons pas y pouuoir apporter vn remede
conuenable qu'en faiſant executer ledit Edit
du mois de Iuin mil cinq cens quatre-vingts
cinq, & le Reglement du mois de Iuin mil
cinq cens octante ſept, en ce que par iccux il
eſt expreſſément porté que le Preuoſt des
Marchands, Eſcheuins, Maire, Conſuls &
Capitoux de chacune ville, bourg ou bourgade ſeront tenus de nommer & choiſir VN
PRVD'HOMME pour aſſiſter auec les
pourueus deſdits offices à la viſitation des
cuirs qui ſeroient expoſez en vente, pour re-
cognoiſtre s'ils ſont bons, & de la qualité requiſe par les Ordonnances. Ce qu'ayant eſté
meuremeht conſideré en noſtre Conſeil, &
deliberé ſur les moyens qui pourroient faci-
liter l'execution dudit Reglement. Nous de
l'aduis de noſtredit Conſeil auquel aſſiſtoiét
aucuns Princes & Officiers de noſtre Cou-
ronne & autres grands & notables perſon-
nages, de leur aduis & de noſtre plaine puiſ-
ſance & auctorité Royalle, Auons par noſtre
preſent Edict perpetuel & irreuocable, creé
& erigé, creons & erigeons en tiltre d'office

formé vn office hereditaire de Prud'homme
esleu pour visite des cuirs en chacune Ville,
Bourgs & Bourgades, Ports & Haures de
noſtre Prouince de Normádie, ou il s'en fait
appareil vente & debit : lequel les Marcháds
Tanneurs, Corroyeurs, Bourreliers, Megiſſiers & autres façonneurs & trafiquans en
cuirs, feront tenus d'appeller pour les voir &
viſiter s'ils ſont de qualité requiſe pour eſtre
expoſez en vente. Et en ce cas appoſer vne
marque en forme de ſceau qui ſera graué de
trois fleurs de lys. En cóſequence de laquelle, & non auparauant, le Controlleur, Mar-
queur, Viſiteur deſdits cuirs y pourra mettre
& appoſer la marque ſeruant audit Office;
Et auquel office de Prud'homme esleu nou-
uellement creé. N o v s auons attribué pour
droiꜩ de Viſite tels & ſemblables droiꜩs
que ceux, dont jouyſſent à preſent les pou-
ueus deſdits Offices de Controlleurs, Vi-
teurs & Marqueurs de Cuirs, & outre ſix deniers pour droiꜩ de marque qui ſera par eux
appoſé ſur chacun cuir de Bœuf, Vache &
Bufle, ou autre grand cuir, vn denier ſur chacune peau de veau, marroquins & chamois;
& ſix deniers ſur chacune douzaine de mou-
ton & autres menus cuirs ; leſquels droiꜩs
nousvoulós eſtre payez par leſdits marcháds

Tanneurs & autres, auſquels leſdits cuirs ap-
partiendrôt, auât qu'ils puiſſent eſtre côtrol-
lez ny expoſez en vente & lors que ladite
marque ſera appoſée, à peine de confiſcation
deſdits cuirs, & de dix liures d'amende pour
la premiere fois, & trois cens liures pour la
ſeconde ; qui ne pourront eſtre moderez par
nos Iuges & officiers pour quelque cauſe &
occaſion que ce ſoit, ce que nous leur deffendons tres-eſtroictemêt à peine de reſpondre
en leurs propres & priuez noms des dommages & intereſts deſdits Prud'hommes.

ET afin qu'il ne ſoit rien obmis pour faire
ceſſer les fraudes & malices deſdits Tanneurs
en l'appareil deſdits grands cuirs de Bœuf
& de Vache ; que cette creation deſdits offices tourne à quelque vtilité à nos ſujects, &
que par le moyen d'icelles & des fonctions à
eux attribuées, il ſoit remedié aux fraudes &
abus qui ſe font en l'appareil deſdits grands
cuirs. Par ce que leſdits Tanneurs ne les laiſ-
ſent dans les foſſes & nos auec le tan, dans
leurs tanneries le temps qu'ils y doiuent eſtre
par les Ordonnances & Statuts de leur me-
ſtier, Arreſts & Reglemens ſur ce interue-
nus, releuant leſdits cuirs deſdites foſſes ;
quoy qu'ils ne ſoient qu'à moitié tannez. Et
par le moyen de leurs artifices les font pa-

roiſtre comme s'ils eſtoient tannez en perfe-
ction, qui cauſe que leſdits cuirs s'eſtendent
& prennent l'eau à loiſir, & qu'ils ne durent
pas la moitié qu'ils feroient s'ils eſtoiét comme il appartient. ENIOIGNONS tres-ex-
preſſément à tous leſdits Tanneurs & autres
façonnant leſdits cuirs, que conformément
à l'Arreſt de noſtre Parlement de Rouen du
4. Féurier 1609. qui ordóne que leſdits gráds
cuirs de bœuf repoſeront dans leſdites foſſes
& nos douze à quinze mois au moins, &
ceux de vaches neuf mois & plus, lequel nous
auons confirmé & approuué par Areſt & reglement de noſtredit Conſeil du 30. Mars
1628. & 10. Feurier 1629. donnez ſur l'exercice & fonction deſdits offices de Prud'hó-
mes du reſſort de noſtre Cour des Aydes de
Paris, qui ont eſté derechef veus & examinez
en iceluy, & trouuez tres-iuſtes & raiſonna-
bles, ils ayét à appeller les pourueus deſdites
Offices de Prud'hommes, ou leurs Commis
à l'exercice lors qu'ils poſeront leurs Cuirs
dans les foſſes & nos de leurs tanneries, auec
le tan, apres qu'ils ſeront bien purgez & net-
toyez, comme auſſi de les appeller lors qu'ils
les en releueront, afin d'eſcrire ſur vn fidel
Regiſtre les iours que leſdits cuirs y auront
eſté mis, & quand ils en auront eſté releué.

pour verifier s'ils en auroient repofé, & demeuré les temps portez par lefdits Arrefts & Reglemens, fans que pour ce ils foient tenus de payer aufdits Prud'hommes ou leurs Cōmis dauantage que le droit qui leur eft attribué par ce prefent noftre Edict pour ladite vifite & marque: Lequel droict voulons leur eftre payé au mefme temps que lefdits cuirs feront tannez & façonnez fans attendre la vente, & pour ceft effect feront fans aucun retardement portez au Bureau eftably pour l'exercice defdits offices, afin d'eftre par eux veus, vifitez & marquez, fans qu'il foit permis aufdits Tanneurs, Corroyeurs & Marchands de couper lefdits cuirs pour les vendre par pieces & morceaux s'ils ne font appliquer fur chacun d'iceux la marque dudit Prud'homme auant que les coupper, à peine de confifcation, & fans que pour ce ils puiffent prendre qu'vn feul droict, & pour toutes lefdites marques appliquées fur lefdits morceaux prouenus d'vn cuir.

Et par ce que les eftrãgers viennēt enleuer les cuirs cruds, en plain, à poil & en laiſne des villes, ports & havres de noftredite Prouince pour les tranfporter en leurs pays, d'où ils ne reuiennent iamais, qui fait que les Tanneurs en manquent & caufe de la cherté d'iceux,

nceux & perte des droicts defdits Prud'hommes, qui diminueroit le prix de la vente defdits Offices. NOVS voulons & ordonnons que fuiuant noftredit Reglement du
10. Feurier mil fix cens vingt-neuf, lefdits
eftrágers qui enleueront dorefnauant ou feront enleuer defdits cuirs hors de noftredite
Prouince de Normandie pour les porter en
leurs pays ou en d'autres Prouinces & villes
de noftredit Royaume ou lefdits Offices de
Prud'hommes ne feront eftablis, payerót au
Prud'homme du lieu ou ils enleucrót lefdits
cuirs, le droict attribué par noftre prefent
Edict, ainfi que fi lefdits cuirs eftoient appa-
reillez. Et pour cét effect declareront au Bureau dudit Prud'homme le lieu ou ils les voudront faire tranfporter. FAISANT deffences à tous Maiftres des Nauires, Voictu-
riers par eaü & par terre de charger & voi-
turer lefdits cuirs qu'il ne leur apparoiffe du
certificat dudit Prud'homme, comme lefdits cuirs leur ont efté declarez, ou bien de
leur acquit du payement du droict, à peine
de trois cens liures d'amende, & de confifcation defdits cuirs, Nauires, Bafteaux, Cha-
rettes & cheuaux.

Et pour obuier aux fraudes & monopoles
defdits Tanneurs & Megiffiers, que pour

frauder ledit droict, vendēt leurs cuirs cruds
fortans des plains, fans attendre qu'ils foient
tannez & façonnez: Nous voulons que conformément au jugement & reglement des
Commiffaires generaux par nous eftablys à
Paris pour la vente & reglement defdits offices de Prud'hommes & droicts y attribuez
au reffort de noftredite Cour des Aydes de
Paris du 17 Mars 1628.& Arreft de noftredit
Confeil du 30. Mars audit an, confirmatif d'i-
celuy, lefdits Tanneurs & Megiffiers & autres façonnans cuirs, aillent declarer au bureau defdits Prud'hōmes le nombre & quan-
tité defdits cuirs cruds,fec,à poil & en laifne
qui viendront des pays eftrangers, que ceux
qu'ils achepteront des Bouchers auparàuant
que de les faire entrer dans leurs maifons &
tanneries, & de figner leurfdites declarations fur le regiftre defdits Prud'hommes de
leurs feings ou marques, pour laquelle declaration ne fa pris aucune chofe.

Et fi lefdits Tanneurs, Megiffiers & autres
façonnans cuirs pour la commodité de leur
trafic, aymant mieux les vendre fortans des
plains à des Marchands pour les transporter
hors du lieu de leur demeure, que d'attendre
qu'ils foient paracheuez d'eftre tānez. Nous
leur auons permis & permettons de faire lef-

b dites ventes de cuirs en plain, en payant pour
iceux le droiĉt dudit Prud'homme.

Et par ce qu'il s'est donné plusieurs Arrests
& reglemens sur la fonĉtion & exercice desdits Controlleurs, visiteurs & marqueurs de
cuirs creez par ledit Ediĉt de 1585. qui doiuent aussi estre obseruez pour l'exercice &
conseruation des droiĉts d'iceux Prud'hommes, attendu que les fonĉtions desdites offices sont pour mesme effeĉt. Nous voulons
que lesdits Arrests & Reglemens soient obseruez, executez & ayent lieu à l'esgard desdits Prud'hommes, comme pour lesdits Cõ-
trolleurs, ainsi que si le tout estoit specifié par
certain nostre present Ediĉt.

ET POVR APPORTER ENCORE
plus d'ordre & facilité pour la vente des
Cuirs qui se deschargent & vendent dans les
villes & lieux de nostre Prouince de Normã-
die, ou se tannent, façonnent & debitent des
cuirs, Nous estãs fait representer nos Ediĉt,
lettres de Declaration pour la creation des
offices de Vẽdeurs de cuirs au ressort de nostre Cour des Aydes de Paris, les Arrests &
Reglemẽs de nostre Cõseil, dés mois de Iuin,
24. Septẽbre & 12. Auril 1627. 1628. & 1630.
enregistrez en nostredite Cour des Aydes

les 28. Iuin 1627. & 22. May 1631. Côme auſſi
l'Arreſt de noſtredit Conſeil, Nous y eſtant
du mois de Decembre 1630. leu & publié en
noſtre grande Chancellerie le 28. deſdits
mois & an , & le Reglement fait par noſtredite Cour des Aydes ſur l'exercice & fonction deſdits offices du 16. Feutier 1633: afin
de ne rien obmettre à la creation & fonction
de pareils offices de Vendeurs de cuirs que
nous voulons eſtre auſſi creés en noſtredite
Prouince, & conformément à iceux noſdits
Edicts, Lettres de Declaration, Arreſts &
Reglemens. AVONS de meſme aduis &
auctorités que deſſus, par noſtredit preſent
Edict perpetuel & irreuocable, creé, erigé &
eſtably, creons, erigeons & eſtabliſſons en
tiltres d'offices formez & hereditaires en
chacune deſdictes Villes , Ports, Havres,
Bourgs, Bourgades, Foires franches & Marchez de noſtredite Prouince de Normandie,
des offices de Vendeurs, qui tiendront regiſtre de tous les cuirs qui ſe vendront & deſ-
chargeront par tous Marchands, ſoit eſtran-
gers, François, que par les Tanneurs, Corroyeurs, Megiſſiers, Bourreliers & autres façonnans & trafiquans deſdits cuirs dans leſd. tes
villes & lieux cy deſſus, ſans prejudice à la

franchife defdites foires & marchez, foit
cuirs en poil, en laifne, frais, fecs, en plain, tã-
nez, corroyez, façonnez & paffez en blãc ou
en couleur, pour eftre lefdits offices de Vendeurs eftablis en chacun defdits lieux, & en
tel nombre qu'il fera aduifé & reglé par les
Commiffaires qui feront par nous deputez
pour la vente defdits Offices de Vendeurs &
de Prud'hommes, lefquels Vendeurs apres la
vente defdits cuirs par lefdits marchãds Tã-
neurs, Corroyeurs & autres, feront tenus de
leur aduancer le prix defdites ventes, pour
par apres en faire le recouurement des achepteurs à leur diligence, & à cét effeĉt lefdits
Vendeurs tiendront vn bureau dans lefdites
Villes, Ports, Havres, Bourgs, Bourgades,
foires & marchez qui fera efdites Halles, ou
proche d'icelles, & ou il ny en aura, eftabli-
ront ledit Bureau pour la cõmodité des marchands, pres les lieux ou la vente & debit de
cefte marchãdife fe fera, lefquels achepteurs
feront contrainĉts au payement du prix de
leur achapt fans aucune forme, figure de
procés, ny fentences, cõme pour nos propres
deniers & affaires trois iours apres lefdites
ventes à eux faites. Et ne pourront enleuer
les cuirs par eux acheptez efdites Halles ou

bureaux que lefdits vendeurs ne foient rem-
bourfez de leurs aduances, & en cas qu'ils ne
faffent ledit rembourfement dãs ledit delay,
Pourrót lefdits Vendeurs faire reuendre lefdits cuirs aux perils & fortunes defdits achepteurs, Aufquels Vendeurs nous auons attribué & attribuõs par certain noftredit Edi&
vn fol pour liure de la vête defdits cuirs, que
les Marchands Tanneurs, Megiffiers, Bourreliers & autres façonnans & trafiquans en
cuirs, forains ou autres, feront tenus de leur
payer, & qui leur fera par eux deduit fur le
prix de leurfdites marchandifes venduës,
aufquels nous enjoingnons porter tous leurf-
dits cuirs de quelque qualité qu'ils foient és
Halles & lieux à ce deftinez, pour y eftre vê-
dus, & de payer aufdits vendeurs ledit droi&
du fol pour liure de toutes les ventes qu'ils
feront defdits cuirs, à peine de confifcation
de ceux qui fe vendront ailleurs.

Et pour les lieux & endroits ou il n'y a aucunes Halles ný places deftinées pour la vête
defdits cuirs, & ou la vente s'en fait és maifons, Boutiques, Tanneries, Megifferies &
ailleurs, en quelque forte & maniere que ce
foit. VOVLONS que lefdits Tanneurs &
Megiffiers, Corroyeurs & autres façonnans
& trafiquans cuirs efdits lieux, declarent

uaufdits vendeurs les ventes qu'ils feront tant
au comptât qu'à credit, foit à ceux de dehors
que du lieu de leur demeure pour eftre par
eux enregiftrez, ledit droict du fol pour liure
à eux payé, tout ainfi que fi elles eftoient
faites efdites Halles & lieux publics, & qu'ils
foient contrainéts au payement dudit droit
dans ledit delay, & par les mefmes voyes cy-
deffus. Et leur deffendons de faire aucunes
ventes en cachettes & en fecret, ains d'y appeller lefdits Vendeurs pour les faire en leur
prefence, afin d'eftre par eux enregiftrées,
& les cuirs marquez de leurs marques, que
nous leur permettons d'auoir, pour remedier aux fraudes, lefquelles marques feront
differentes de celles defdits Controlleurs &
Prud'hommes, pour la vifite defdits cuirs,
dans laquelle il y àura vne fleur de lys grauée
au milieu auec le nom de la ville, où ils feront
eftablis, & le mot du Vendeur autour de ladite fleur de lys.

ET il fe trouue defdits cuirs dans les maifons des Cordonniers, Corroyeurs, Megiffiers, Gâtiers & autres artifans & ouuriers en
cuirs fans eftre marquez de ladite marque,
nous voulons qu'ils foient confifquez, &
leur deffendons tres-eftroictement de les
coupper ny mettre en ouurages qu'icelle

marque n'y foit apofée fur les mémes peines,
& pour cet effet permettons aufdits Vendeurs ou leurs Commis d'aller quand bon
leur femblera faire vifite & perquifitions
exactes chez lefdits Tanneurs , Corroyeurs
& autres artifans & trafiquans en cuirs , &
autres lieux & maifons où ils foubfonneront
y auoir defdits cuirs cachez, lefquelles maifons & lieux leur feront ouuerts fans diffi-
culté, & en cas qu'il s'en faffe aucune en feront faire ouuerture en prefence d'vn Ser-
gent ou autre Officier de Iuftice.

COMME auffi nous deffendons à tous
Marchands Corroyeurs , Cordonniers &
autres artifans, d'aller achepter aucuns cuirs
au dehors des villes & lieux où ils feront re-
fidens , ains les laifferont amener par les
marchands forains à peine de trois cens liur.
d'amende , fi ce n'eft pour la fourniture de
leurs boutiques , & à la charge de payer le
droict aux vendeurs du lieu de leur réfidence
à leur retour fuiuant le prix courant de ládite
marchandife , ou de l'eftimation qui en fera
faicte de gré à gré par gen. à ce cognoiffans
conuenus entre les parties , encore que les
marchands qui leur auront vendu lefdites
marchandifes, ayent def-ja payé ledit droict
aux Vendeurs du lieu. Et s'il fe trouue du

mono-

monopole à l’eſtimation de ladité Marchan-
diſe, & qu’elle ne ſoit priſée ce qu’elle vau-
dra. Pourrôt leſdits Vendeurs en cas de con-
teſtation prendre leſdits cuirs pour ladite
priſée, ſur ce deſduit leur droiɛ̃t du ſol pour
liure en baillant iceux cuirs à ceux qui les
voudront achepter pour le meſme prix.

ET pour le regard des cuirs à poil & en laiſ-
ſe qui ſe vendront par les Bouchers deſdites
villes & bourgs, aux Tanneurs & Megiſſiers
des lieux ou à ceux de dehors. VOVLONS
que ledit droiɛ̃t de ſol pour liure ſoit payé par
leſdits Tanneurs & Megiſſiers auſdits Vendeurs ſur le pied de ce qu’ils les auront ache-
tez, à la charge que rapportát vendre leſdits
cuirs eſdits lieux apres qu’ils ſeront tannez &
façonnez, il leur ſera deduit par leſdits Vendeurs ce qu’ils auront payé pour ledit droiɛ̃t,
pour leſdits cuirs en poil, & ne prendront ledit ſol pour liure que pour le ſurplus.

Et aduenant que leſd. Bouchers, Táneurs,
Megiſſiers, Corroyeurs & autres façonnans
& trafiquans deſdits cuirs, en poil, én laine,
ou tannez & façónez les portent vendre aux
lieux, ou il n’y aura point de Vēdeurs eſtablis.
Novs voulons qu’auant de les pouuoir faire
tranſporter qu’ils les viennent declarer auſdits Vēdeurs de leur demeure, & qu’ils ſoient

eſtimez ainſi que deſſus eſt dit pour en eſcrire
le nombre & la valeur ſur leurs regiſtres, &
qu'ils payent à leur retour ledit droit, ſuiuant
ladite eſtimation, & s'ils vont où leſdits Vēdeurs ſeront eſtablis, en rapportant certificat
deſdits vendeurs des lieux, où ils auront vēd-
dus leurſdits cuirs en bonne forme paſſées
pardeuant Tabellions, Greffiers ou perſon-
nes publiques contenāt le prix de la vente, &
les noms des achepteurs ſeront deſchargez
de payer ledit droict à leur retour. AVS-
QVELS offices de Prud'homme & Vēdeurs
de cuirs, afin de leur donner plus de moyen
de voir & viſiter exactement leſdits cuirs, &
d'aporter les remedes neceſſaires pour faire
ceſſer leſdits abus. Novs leur auons delaiſſé
& delaiſſons leſdites amendes & confiſcatiōs
pour en diſpoſer à leur profit ainſi que bon
leur ſemblera, & iceux exemptez & exem-
ptons de tutelle, curatelle, garde de biens &
autres charges publiques, & leſquels offices
ainſi créez, nous voulons eſtre vēdus par les
Commiſſaires qui feront à ce par nous deputez, & que les acquereurs en iouyſſent here-
ditairement à faculté toutesfois de rachapt
perpetuel, en vertu des contracts qui leur ſeront expediez par leſdits Cōmiſſaires, & des
quittances de la finance qu'ils payeront, cü

nos coffres. Ordonnons en outre qu'en atten-
dant la vente & adjudication defdits offices,
il fera eſtably des Commiſſaires à la perception & leuée des droicts y attribuez tāt pour
ladite marque defdits Prud'hommes que ſol
pour liure de toutes les vētes defdits cuirs qui
ſe ferōt en toutes leſdites villes & lieux de noſtredite Prouince ou leſdits offices ne ſeront
eſtablis pour faire la fonction defdits offices,
leſquels Commiſſaires ſeront tenus de rendre
cōpte defdits droicts, ſelon & ainſi qu'il leur
ſera ordonné. FAISONS tres-expreſſe inhibitions & deffences auſdits marchāds Tanneurs, Gātiers, Corroyeurs, & tous autres fai-
ſans trafic & commerce defdits cuirs, de faire
aucune vente, deliurance defdits cuirs, ſans
payer leſdits droicts de Prud'hommes & ſol
pour liure defdits Vendeurs auſdits Cōmiſſaires qui ſeront commis à la recepte & perception d'iceux à peine de mil liures d'amende payable ainſi qu'il eſt accouſtumé pour nos
deniers & affaires. SI DONNONS EN
MANDEMENT à nos Amez & Feaux les
gens tenans noſtre Cour des Aydes à Roüen,
que ce preſent noſtre Edict ils ayēt à regiſtrer
purement & ſimplement, & le contenu en
iceluy garder, obſeruer & entretenir de point
en poinct ſelon ſa forme & teneur, faiſant

laiſſant & ſouffrant iouyr leſdits Prud'hõmes & Vendeurs de cuirs, & les Commis & Commiſſaires qui ſeront eſtablis à l'exercice d'iceux offices, de tout le contenu en iceluy, ſans permettre qu'ils y ſoient troublés ny empeſchez, nonobſtant tous Edicts, Declarations, Priuileges & Exemptions deſdites villes, Ports, Havres, Foires franches & Marchez, Arreſts, Sentences, Iugemens, Ordonnances & Reglemens donnez & à donner au contraire, auſquels & aux derogatoires des derogatoires y contenuës, nous auons derogé & derogeons par noſtredit preſent Edict, nonobſtant auſſi clameur de Haro, Chartre Normande, oppoſitions, appellations, priſe à partie & autres voyes quelconques: & ſi aucunes interuiennent, nous en auons retenu & reſerué la cognoiſſance à nous & à noſtre Cõſeil, & icelle interdite & deffenduë, interdiſons & deffendons à toutes nos Cours & Iuges quelconques. Faiſant inhibitions & deffences aux parties de ſe pouruoir ailleurs qu'en noſtredit Conſeil pour raiſon de ladite creation, eſtabliſſement & perception des droicts attribuez auſdits offices, circonſtances & dependances, à peine de caſſation, nullité des procedures, & de tous deſpens, dommages & intereſts. Car tel eſt noſtre plaiſir.

Et afin que ce foit chofe durable ferme & ftable à toufiours , nous auons fait mettre noftre feel à cefdites prefentes fignées de noftre main, fauf noftre droiĉt & l'autruy en toutes; Et d'autant que des prefentes l'on pourra auoir befoin en plufieurs & diuers lieux, voulons qu'aux coppies duëment collationnées par l'vn de nos Amez & Feaux Confeillers Secretaires, foy foit adjouftée comme à l'original. Donné à Forges au mois de Iuin l'an de grace 1633. Et noftre regne le 34. Signé, LOVIS, Et plus bas, Par le Roy Phelippeaux, & à cofté vifa, Et feellé du grand fceau de cire verte à lacs de foye rouge & verte.

Leu, publié & regiftré du tres-expres commandement du Roy, porté par Monfieur le Duc de Longueuille, affifté des fieurs Tallon & de Bordeaux, Confeillers au Confeil d'Eftat de fa Majefté, Ouy le Procureur general dudit Seigneur en la Cour des Aydes de Roüen, le 19. iour de Iuillet 1633. Signé, DE PLANES.

Collationné à l'Original par moy Confeiller Secretaire du Roy & de fes Finances.